Frank Geers

PHRASENMÄHER

Unerhörtes, Skurriles, Unglaubliches und
Normales aus dem täglichen Leben
in 20 Kurzgeschichten.

www.phrasenmaeher.de
frank.geers@phrasenmaeher.de

Titelbild:
Peter Diedler
peter.diedler@phrasenmaeher.de

Herstellung: Books on Demand GmbH
ISBN 3-8311-2042-0

Prolog

... Ich saß in der Falle. Meine Peiniger hielten mich in einem alten, etwa zehn Meter tiefen Brunnen gefangen. Aussichtslos. Doch als mein Blick den matschigen Boden entlang wanderte, sprangen mir plötzlich ein paar Hühnerknochen ins Auge. Ich beschloß, mir daraus einen Hubschrauber zu bauen, mit dem ich aus diesem Loch entfliehen konnte. Gut, daß ich mir von meinen Entführern ein paar Hähnchenkeulen von Kentucky Fried Chicken habe kommen lassen. Den Rotor wollte ich mit Hilfe von 46 Spinnen in einem Laufrad antreiben. Der Zusammenbau gestaltete sich etwas schwierig, denn ich hatte mir, als ich in mein Verließ geworfen wurde, den Arm gebrochen, den ich mir notdürftig mit ein paar Regenwürmern und meiner Unterhose geschient hatte.

Fertig. Aber es war noch ein bißchen Zeit bis Mitternacht, meinem geplanten Fluchtzeitpunkt. Und weil ich die in den vergangenen Stunden aus meinen Brusthaaren und etwas Lehm zu meiner Unterhaltung konstruierte Ameisenfarm nicht zurücklassen wollte, bastelte ich in den Helikopter noch schnell eine Art Kofferraum aus meinen Schnürsenkeln und der Rolle Toilettenpapier, die ich für Notfälle immer bei mir trug.

4

Es wurde Zeit. Die Kirchturmuhr unweit des Brunnens schlug Mitternacht. Ich stand auf, stieg in meinen Hubschrauber und steckte den aus meinen Backenzähnen gemeißelten Schlüssel in die Zündung, um in die Freiheit zu fliegen.

1

Spaß mit der TELEKOM

Im Juli 1995 habe ich nach Führerschein und Schulabschluß den letzten Schritt in die Freiheit gewagt und bin Zuhause ausgezogen. Da ich mich in den 22 Jahren meines bisherigen Lebens doch sehr an die Vorzüge eines Telefons gewöhnt hatte, wollte ich auch zukünftig dieses Kommunikationsmittel nicht missen. Also kaufte ich mir ein Telefon und beantragte bei der TELEKOM einen Telefonanschluß.

Völlig unerwartet erhielt ich schon nach kurzer Zeit meine höchstpersönliche Telefonnummer per Post. Doch die Freude über die dann folgende unproblematische Installation des Telefons sollte nicht lange andauern. Denn schon nach wenigen Stunden erreichte mich der erste Anruf in meiner neuen Wohnung, was mich doch einigermaßen irritierte, da ich ja noch niemandem meine neue Telefonnummer mitgeteilt hatte. Voller Neugierde nahm ich den Hörer ab und meldete mich mit meinem Vornamen, was meinen Gesprächspartner nicht sonderlich zu interessieren schien, da er erwiderte: "Ja, guten Tag. Ich möchte ein kaltes Buffet bestellen." Durchaus überrascht beglückwünschte ich ihn zu dieser Entscheidung und fragte, wie ich ihm dabei helfen könne. "Wieso ? Ist da nicht Fleischerei Lehmeier ?" In dem festen Glauben, der andere müsse sich verwählt haben, teilte ich ihm dies auffallend höflich mit.

Doch als abermals das Telefon klingelte und der gleiche Kerl wiederholt kalte Platten von mir erwerben wollte, konnte ich nicht wirklich länger daran glauben, daß mein Gegenüber nur zu dicke Finger zur korrekten Eingabe der Telefonnummer hatte oder eventuell leicht angetrunken war. Also verglichen wir unsere Zahlenkombinationen und tatsächlich hatte der hungrige Mann sich nicht verwählt. Ein Blick in mein nicht mehr ganz aktuelles Telefonbuch bestätigte mir meine Befürchtungen: Ja, meine neue Telefonnummer ist identisch mit der von der Fleischerei Frank Lehmeier, die aber inzwischen ihre Fleischermesser an den blutverschmierten Nagel gehängt hatte.

Nachdem ich anfangs noch recht amüsiert darüber war, daß mein Leben durch fehlgeleitete Anrufe bereichert wurde, verlor ich meinen Humor als auch nachts störend das Telefon schellte. Denn auch etliche Privatgespräche gingen für Frank Lehmeier bei mir ein. Wenn man die verblüffende Ähnlichkeit der Vornamen beachtet und dazu noch weiß, daß ich mich grundsätzlich nur mit diesem melde und meinen Anrufbeantworter bespreche, kann man verstehen, daß ich einige Male mit dem Fleischwolfdreher aus Rinteln verwechselt wurde. Irgendwann ging ich dazu über, jegliche Auskünfte über "mein" Fleischsortiment zu geben und Einladungen zu irgendwelchen obskuren Feten dankend entgegenzunehmen.

Als dann einige Wochen später im neu erschienenen Telefonbuch der Eintrag unter meiner Nummer geändert wurde, glaubte ich der Spuk sei vorbei. Aber jetzt bekam dieser Fall eine neue Variante: Eines Tages erhielt ich von einer Immobilienfirma ein interessantes Angebot für einen Imbiß in Nienstädt, einer kleinen Gemeinde in der Nähe. Der Brief war adressiert an die **Fleischerei Frank Geers !**

Nachdem ich zwischenzeitlich einen aufschlußreichen Katalog erhalten hatte, der mir ungeahnte Möglichkeiten der Müllentsorgung in Großküchen aufzeigte, stand eines Samstag morgens ein Vertreter der Firma Vorwerk vor meiner Haustür und klingelte mich aus dem Bett. Da stand ich nun in meinem Schlafanzug, die Augen ob des hellen Tageslichtes zusammengekniffen und mit wirren Haaren, diesem unglaublich dämlichen Klinkenputzer gegenüber. Da ich ein ausgesprochener Morgenmuffel bin und

8

meine morgendliche Zehn-Minuten-Aufwachphase erst vor einer Minute brutal begonnen hatte, knurrte ich den Mann nur kurz an.

Unbeeindruckt von meiner Erscheinung und der 45 Quadratmeterwohnung fragte er mich, ob er mir, da ich ja beim Zerhacken von Tieren auf Sauberkeit achten müsse, die neusten Modelle seiner Küchenreinigungsgeräteserie vorführen dürfe. Ich kann seinen dusseligen Gesichtsausdruck nur erahnen, als meine Haustür vor seiner Nase ins Schloß donnerte.

Nach einigen Monaten wurden die Verwechslungen immer seltener und blieben schließlich gänzlich aus. Aber nun hatte ich ein neues Problem: Wohin sollte ich mit den 35 Schweinehälften, die ich jüngst bestellt hatte ?

2

McDonald's Odyssee
- ein Stundenbericht -

23.00 Uhr – Pfingstsonntag:
Wie so oft sitze ich mit meinen Freunden
Martin und Hansi in unserer Stammkneipe,
dem *Caprice*. Mal wieder gelangweilt
versuchen Hansi und ich mit den tollsten
Beschreibungen Martin zu überreden, uns in
die ein paar Kilometer entfernte Diskothek
Liberty zu begleiten. Martin war noch nie dort
und ist sowieso nicht der große Diskogänger.
Dank der bestellten Sambuca lenkt Martin
schließlich ein.

00.00 Uhr – Pfingstmontag:
Wir setzen uns in Bewegung Richtung Vlotho.
Nachdem wir den Wagen verlassen haben,
nähern wir uns dem *Liberty* zu Fuß. Nachdem
wir einige Alkoholleichen auf dem Parkplatz
passiert hatten, betreten wir die Zappelbude.
Schon als wir die erste Treppe hinaufgehen,
schallt uns Musik entgegen, die nichts Gutes
verheißt. Techno ? Nein, viel schlimmer !
Gemeine, befremdlich wirkende Töne, die
einem einen Schauer über den Rücken laufen
lassen. Und da sehe ich auch schon das
rosafarbene Plakat. Heute läuft hier eine
verdammte Tucken-Show ! Großartig ! Da

kommt Martin mal mit in eine Disko und hier laufen nur singende Transen in Frauenkleidern rum.

01.00 Uhr:
Endlich. Die Tanten lassen Gnade walten. Der DJ versucht noch einmal verzweifelt, die Stimmung anzuheizen und fragt nach einer Zugabe, was er wohl mehr rhetorisch meinte. Denn es hagelt nur so Buh-Rufe, NEIN !- Schreie und die so schlichten aber aussagekräftigen Worte „Rübe ab !". Der DJ sieht's wohl ähnlich, denn im nächsten Moment fetzen Diskoklänge durch den Raum. Die Süßen in Frauenfummeln verlassen mit gesenkten Köpfen die Bühne, und ich betrete die Tanzfläche, um endlich tanzende Frauenkörper bewundern zu können. Ich meine echte Frauenkörper. Doch was passiert? Schon nach kurzer Zeit wirft mir so eine Salmonelle einen eindeutigen Blick zu. Mir schießt nur ein Gedanke durch den Kopf: FLUCHT ! Ich bahne mir meinen Weg durch grabschende Hände, immer meine eigene Hand an der richtigen Stelle, um meinen Genitalbereich zu schützen.

02.00 Uhr:
Was kann diesen fürchterlichen Abend noch retten ? Richtig ! McDonald's ! Nichts wie nach Minden. Inzwischen wieder gut gelaunt erreichen wir die allwöchentliche Pilgerstätte.

Doch was ist das ? Stühle auf den Tischen ? Was soll das denn ? Haben die wirklich schon geschlossen ? Und tatsächlich nützt kein Rütteln und Rufen. Niedergeschlagen machen wir uns auf den Weg zurück Richtung Heimat. Aber Hunger haben wir ja nun immer noch. Also: Ab zur Autobahnraststätte Bad Eilsen.

03.00 Uhr:
Nachdem Hansi – unbekümmert wie er ist – sämtliche Verkehrsregeln gebrochen hat, sind wir endlich am Ziel unserer Träume: Essen ! Zehn Typen, die irgendwie geschminkt aussehen, tummeln sich in der Kaschemme und warten auf Nahrung. Eine bewarzte Alte fragt, was wir wollen. „Essen !" schallt es ihr entgegen. „Ach Du Scheiße ! Naja, sucht Euch was aus. Dauert aber eine Stunde. Ich komme hier nicht mehr hinterher." Alte Hexe ! Eine Stunde kommt für uns gar nicht in Frage. Wir verlassen diesen unheiligen Ort und fahren wieder gen Rinteln. Um wenigstens den größten Hunger zu stillen, hauen wir uns an der 24-Stunden-Tanke ein paar Bifis rein. In unseren Köpfen schwirrt aber nur ein Gedanke: Wir wollen zu McD und zwar sofort! Jegliche Bemühungen von Martin und mir, Hansi zu überreden, nach Kirchheim zu McDonald's zu fahren, schlagen fehl. Der kann sich anstellen ! Läppische 200 km eine Tour. Wir würden ihm sogar das Benzingeld geben. Aber nichts zu machen.

12

Die Stimmung sinkt auf ihren Tiefpunkt. „Wartet ! Der McDonald's in Minden macht doch um 6.00 Uhr wieder auf ! Das sind doch nur zweieinhalb Stunden ! Die schaffen wir doch auch noch !", meine ich. Meine Aussage trifft auf breite Zustimmung. Wir fahren zurück ins *Caprice*, um dort ein bißchen Zeit zu überbrücken.

04.00 Uhr:
Der Wirt erträgt uns nicht mehr länger. Da wir die letzten Gäste sind, schmeißt er uns ohne Zögern raus. Was machen wir nur die nächsten zwei Stunden ? Martin hat die rettende Idee: Wir besuchen das Kaiser-Wilhelm-Denkmal in Minden und schlagen den Rest der Zeit dort tot. Schnell noch einmal zur Tankstelle und Bier geholt.

05.00 Uhr:
Gerade rechtzeitig zum Sonnenaufgang stehen wir auf dem Denkmal. Ein wunderbarer Augenblick: Die in einem gleißenden Rot aufgehende Sonne begleitet von Martins Rülpsern. Toll ! Gegen zwanzig vor sechs verlassen wir diesen ruhigen und äußerst beschaulichen Ort. McDonald's, mach die Friteuse an: Wir kommen !

06.00 Uhr:
Pünktlich zur prognostizierten Öffnung des Tempels fahren wir auf den Parkplatz. Aber

irgendwie sieht alles sehr seltsam aus. So dunkel. Keine der dort arbeitenden Kreaturen ist zu sehen. Schreckliches ahnend springe ich aus dem Auto und krabbele zur Eingangstür. Dort steht in schwarzen Lettern auf einem Schild geschrieben: Feiertags ab 9.00 Uhr geöffnet.

Schweigend fahren wir nach Hause. Schon wieder. Als ich um 6.30 Uhr in meinem Bett liege, denke ich daran, wie glücklich ich damals war. Damals, als ich die McDonald's-Sucht noch nicht kannte.

3

Die Mitarbeiter-Falle

Eigentlich war es ein wunderschöner Februartag, an dem ich wieder einmal beruflich einige unserer Geschäftsstellen besuchte. Es war gerade zu idyllisch, wie der Schnee am Straßenrand lag und einzelne Kristalle in der Sonne glänzten. Die Straßen waren jedoch frei, da Salz auf Schnee bekanntlich die gleiche Wirkung hat wie Meerwasser auf Menschen: Wenn man zu viel davon geschluckt hat, wird einem schlecht und man geht lieber woanders hin.

Mittlerweile war es Mittag geworden. Ich hatte meinen Besuch einer unserer Geschäftsstellen telefonisch angekündigt, damit ich aufgrund der bevorstehenden Mittagspause nicht vor verschlossener Tür stehen würde. Kurz nach halb eins kam ich dort sicher an, und wie jedes Mal bog ich nicht auf den Kundenparkplatz ab, sondern fuhr die kleine Einfahrt neben dem Gebäude hinunter, wo die Mitarbeiter gewöhnlich ihre Fahrzeuge abstellen. Dieser kleine Abhang war unglücklicherweise mit Schnee bedeckt. Während ich den Berg herunter schlitterte, schossen mir einige interessante Gedanken durch den Kopf, wie z.B.: „Hui, ist das glatt...hmm, wieso parkt der

Geschäftsstellenleiter wohl oben auf dem Kundenparkplatz und nicht hier unten...haben die Chicago Bulls wohl gestern gewonnen...und wie zum Teufel soll ich diesen Berg vor der nächsten Schneeschmelze wieder hochkommen ?"

Zunächst unbeeindruckt von dieser prekären Situation, betrat ich die Geschäftsstelle und erledigte das, was ich mir vorgenommen hatte. Der Geschäftsstellenleiter erklärte mir währenddessen, daß ich da mit meinem Wagen nicht mehr hochkommen würde. Denn erst vor kurzem sei einer Kollegin das gleiche passiert und auch sie sei gefangen gewesen. Gefangen in der Mitarbeiterfalle. Irgendwie klang das alles sehr endgültig. Und auch das breite Grinsen im Gesicht von meinem Freund Hansi, der in der Geschäftsstelle arbeitete, verursachte in mir keineswegs das Gefühl, daß er sich nur freute, mich zu sehen oder daß er in Gedanken noch bei der Portion Junk-Food war, die er sich vor ein paar Minuten reingeschaufelt hatte.

Aber nichtsdestotrotz mußte ich versuchen, dort wegzukommen. Natürlich ließen sich die Kollegen diese Show nicht entgehen, verließen ihre Schreibtische und beobachteten, wie ich in mein Auto stieg, um der Falle zu entkommen.

Die ersten acht Anläufe liefen gar nicht so schlecht. Immerhin bin ich bis zur Hälfte die Einfahrt hochgefahren, um dann wieder runterzurutschen. Zwischendurch erinnerte mich ein Anwohner eindrucksvoll an Sinn und Zweck von Winterreifen, denn er fuhr mit seinem RENAULT 5 problemlos den Hang runter und wieder hoch, was allgemein zu einer recht ausgelassenen Stimmung unter den immer mehr werdenden Zuschauern führte.

Nichts blieb nun unversucht. Vorwärts, rückwärts, langsam, schnell, mit und ohne Geschrei versuchte ich, eine eigentlich so kleine Steigung hochzufahren, ohne in die Begrenzungsmauer zu krachen. Endlich glückte ein Versuch, rückwärts mit möglichst viel Anlauf, leicht seitlich das Hindernis anzufahren und Richtung Hauptstraße zu rasen. Leider kam in diesem Augenblick ein LKW von links, so daß ich gezwungen war, den Anker zu werfen. Aber ich war schon weit gekommen. Nur leider nicht weit genug, denn nachdem sich alle freudig die Hände geschüttelt hatten und ich meine Reise fortsetzen wollte, bewegte ich mich keinen Zentimeter von der Stelle. Es fehlte vielleicht ein halber Meter. Aber in dieser Situation zeigte sich wieder einmal, daß meine Kollegen flexibel, einsatzfreudig und stark sind. Alle drei schoben mich das letzte kleine Stück hoch. Endlich ! Ich war der Mitarbeiterfalle doch noch entkommen. Ohne die drei hätte ich mir für die Zeit bis zum Sommer ein neues Auto kaufen müssen.

4

Der tägliche Werbeterror

Hassen Sie das auch ? Sie haben sich ausnahmsweise mal dazu durchgerungen, Inspektor Colombo dabei zu beobachten, wie er in seinem schmuddeligem Trenchcoat versucht, den obligatorischen Gärtner des Mordes zu überführen. Die Spannung ist auf dem Höhepunkt. Der Gärtner schärft gerade seinen Rasenkantenschneider, da er im Falle seiner Überführung Amok laufen will. Colombo holt zum entscheidenden Schlag aus: "Der Mörder ist...", und im nächsten Moment erfahren Sie, warum Bettina Meier aus Ribnitz-Damgarten seit neuestem lieber Tampons als Binden benutzt.

Viel schlimmer ist es noch bei Formel-Eins-Übertragungen. Wie können die Programmverantwortlichen während des Rennens einen Werbeblock schalten, in dem der sportinteressierte Zuschauer darüber informiert wird, daß die Goldene Hochzeit von Oma und Opa ein einziges Fiasko wird, wenn nach dem großen Fressen nicht Jakobs Krönung durch die verkalkte Kaffeemaschine gespült wird. In dieser Werbeunterbrechung könnte doch ein schwerer Unfall passieren. Und das ist doch einer der Gründe, weshalb man solche Autorennen guckt. Doch während die Streckenposten die Überreste des Rennwagens von der Begrenzungsmauer kratzen, erscheint Witta Pohl auf dem Bildschirm und erklärt mit Tränen in den Augen, daß sie unter Blasenschwäche leidet.

Der Erfolg einer Werbung ist auch von der Platzierung im Programm abhängig. Das beste Beispiel hierfür wurde vor einiger Zeit auf RTL gesendet: Im Magazin EXPLOSIV wurde ein Beitrag über Feinkost in China gezeigt. Angeblich werden dort Hunde gefangen, gequält und anschließend zu Schnitzeln verarbeitet. In dem ersten Trailer des Werbeblocks direkt nach diesem Beitrag wurden dann Asia Nudelsnacks - jetzt ganz neu mit leckeren Fleischstückchen - angepriesen. Ich kann mir nur schwer vorstellen, daß jemand anschließend dieses Konsumgut kauft mit dem Gedanken im Hinterkopf, daß die leckeren Fleischstückchen vielleicht aus zerhäckselten Kläffern bestehen.

Am Glaubwürdigsten sind aber immer noch diese 'spontanen' Umfragen im Aldi um die Ecke, in denen eine Pseudo-Schauspielerin als Hausfrau verkleidet mit Begeisterung erzählt, daß ihre ganze Familie vor Glückseligkeit kurz vor der Einweisung in die geschlossene Abteilung der Schwarzwaldklinik steht, nur weil sie jetzt die eingesauten Klamotten anstatt mit Persil Color mit Mega-Perls wäscht.

Und dann ist da noch die Zische, die sich nach einer Kernverschmelzung mit dem Nachbarn sehnt. Doch wie im echten Leben ist die Alte kurz davor, sich vor die nächste U-Bahn zu werfen. Denn der Jüngling von nebenan will leider nichts mit ihr zu tun haben, weil sie das verkehrte Geschirrspülmittel verwendet hat und man nicht durch die Weingläser durchschauen kann. Vielleicht hätte sie keine Gläser aus Milchglas kaufen sollen.

5

Zieh, Cowboy !

Es geht diesmal um Berufswünsche. Was sagen Sie ? Der Titel hat doch nichts mit einem Beruf zu tun ! Gut, auf den ersten Blick nicht. Aber bevor man frustriert auf dem Flur des städtischen Arbeitsamtes gelandet ist, hatte man mal einen Traumjob im Sinn gehabt. Ich zum Beispiel habe mir schon von frühester Kindheit an Gedanken darüber gemacht, womit ich mir später mal den Tag vertreiben will. Denn schnell wurde mir klar, daß ich nicht immer zu Hause herumlungern konnte, da das Nachmittagsprogramm im Fernsehen schon damals die GEZ-Gebühren nicht wert war.

Zunächst wollte ich Cowboy werden. Ich fragte meinen Vater, was man denn so als Cowboy den ganzen Tag machte. Er sagte: "Trinken, spielen und Rothäute umnieten." Das hörte sich ja schon mal gar nicht schlecht an. Aber mit der Zeit fingen die Kinder in meiner Straße an, über meinen Cowboyhut zu lachen, den ich immer trug. Und als dann das Sonnenstudio zwei Straßen weiter schließen mußte, weil sich die Kunden dort massiv von mir belästigt fühlten, sind mir auch noch die Rothäute ausgegangen.

Danach wollte ich unbedingt Tierarzt werden. Als ich aber meinem Vater dabei zusah, wie er unsere Katze von der Straße kratzte, die vor unserem Haus von einem 25tonner überrollt wurde, habe ich es mir aber wieder anders überlegt.

Auch eine Schulfreundin von mir hatte so ihre Träume. Sie wollte unbedingt so wie Barbie sein. Sie wissen schon. Diese Puppe mit den blonden Haaren. Zuerst fand sie die Idee wirklich gut. Doch als die ersten heißen Tropfen flüssigen Plastiks von dem mit meinem Feuerzeug erhitzten Strohhalm auf ihren Arm fielen, um ihr auch eine Plastikhaut zu verpassen, fand sie den Beruf nicht mehr so schön.

Naja, ich habe mich ja nun für einen Beruf entschieden. Auch wenn ich manchmal im Büro kurz davor bin, einen Colt aus meinem Jackett zu holen und meinen Kollegen zuzurufen: „Zieh, Cowboy!"

6

Von Vegetariern
und Weihnachtsmännern

Nur damit eins klar ist: Grundsätzlich toleriere ich die Ideale anderer Menschen. Aber bei Vegetariern habe ich da so meine Probleme. Es gibt drei verschiedene Exemplare dieses Menschenschlages. Die einen fordern ein Fleischverbot, weil sie den Verzehr für ungesund halten, einem davon schlecht wird und man Ausschlag kriegt. Na und ? Gleiches gilt auch für den Besuch eines Howard Carpendale-Konzertes und trotzdem darf er mit seinem ständigen "Isch liebe Disch" weiter den deutschen Schlager verunglimpfen und wird nicht nach Südafrika ausgewiesen.

Die zweite Sorte Vegetarier können es nicht mit ihrem Gewissen vereinbaren, daß Tiere von Menschenhand getötet werden. Dabei sind diese doch die ersten, die einen hysterischen Anfall kriegen, wenn sie eine Spinne über die IKEA-Teppichfliesen laufen sehen und so lange darauf herumspringen, bis in der darunter liegenden Wohnung der Putz von der Decke rieselt. Und wie schlecht müssen sie sich erst fühlen, wenn sie im Spätsommer die zermatschten Fliegen und Mücken, die bei Tempo 160 an den Wagen der Tierfreunde zerschellt sind, von den Scheinwerfern und Windschutzscheiben kratzen.

Aber die Schlimmsten sind die radikalen Vegetarier, die das Verzehren des morgendlichen Frühstückseis für Mundraub mit vorangegangener Geiselnahme halten. Das Huhn wird in Gefangenschaft genommen und solange mit der Verarbeitung zur 5-Minuten-Terrine bedroht, bis es endlich das Ei rausrückt.

Naja, wie auch immer. Man ißt was man ist. Oder war's umgekehrt?

Egal! Was mir echt auf die Naht geht, ist dieses Fest der Geschenke und der Besinnung. Weihnachten. Also eins geht doch nur. Entweder Geschenke oder Besinnung.

Einigen scheint dieser Zinnober wirklich etwas zu bedeuten. Sie werden zu komplett anderen Menschen. Als ich am Heiligen Abend kurz vor 13.00 Uhr noch mal zum nahegelegenen Aldi marschierte, um die letzten Weihnachtsgeschenke zu kaufen, habe ich so ein Individuum getroffen. Nachdem ich bezahlt hatte und meine Klamotten auf gestohlene Lebensmittelimitate durchsucht worden waren, staunte ich nicht schlecht, als mich die Kassiererin mit einem Lächeln im Gesicht ansprach: "Gleich ist endlich

Feierabend. Vielleicht schneit es ja auch noch, hi, hi, hi. Frohe Weihnachten !"

Was war denn nun passiert ?? Ich wußte nicht, daß Aldi-Kassiererinnen sprechen können. Ich meine, normalerweise muß man doch froh sein, wenn einem das Wechselgeld nicht einfach vor die Füße geschmissen wird. Doch schnell kam ich dahinter: Der Weihnachtsmann hatte wieder erbarmungslos zugeschlagen und einem Menschen den Verstand geraubt. Ich frage mich, ob sie Vegetarierin war !?

7

Heute schon gepoppt ?

Ja, ich weiß was Sie jetzt denken ! Und Sie haben recht. Jetzt dreht sich wieder mal alles ums Fernsehen.

Sie werden jetzt enttäuscht sagen: "Das hatte ich bei der Überschrift gar nicht erwartet." Das zeigt jedoch nur, daß Sie einer der wenigen Menschen sind, die bisher dem täglichen Werbeterror, der leider immer wieder von Spielfilmen und Serien unterbrochen wird, erfolgreich entfliehen konnten. Denn in Wirklichkeit ist der Titel natürlich mit PRINGLES in Bezug zu setzen. Denn die Marketingstrategen dieser Chips-Marke haben den Markt mit folgendem Slogan erobert:

Einmal gepoppt, nie mehr gestoppt.

Bitte, fangen Sie nicht erst an nachzudenken. Ich bin bis heute nicht dahinter gekommen, was diese Aussage, die mir irgendwie die Pubertät zurückbringt, mit fritierten Kartoffelbrocken zu tun hat. Ich bin mir jedoch sicher, daß dem Creativ Director dieser einmalige Slogan eines Samstag Nachts eingefallen ist, nachdem er den PREMIERE

WORLD-Nachtfilm geguckt und dabei zu viel an seiner Pickel-Lotion geschnüffelt hat.

Aber was soll's. Die Fernsehmacher halten die typischen deutschen Fernsehzuschauer sowieso für verblödete Hornochsen, deren Intelligenzquotienten vergleichbar sind mit dem eines Gameshow-Moderators. Und der kann nicht sehr hoch sein, wenn man sich mal in einem lichten Moment klar macht, mit was für Rätselfragenimitationen Jagd auf Quoten gemacht werden soll. Wie zum Beispiel eine Geronten-Zuschauerfrage beim Glücksrad:

DIES IST EINE SCHEI_ -

UNTERHALTUNGSSHOW

Naaaa ? Können Sie lösen ? Ich will Sie nicht überfordern, denn anscheinend werden Sie von den Fernsehmachern für senile Trottel gehalten, die mit Mühe die Vorschule überstanden haben und daher nicht in der Lage sind, einen ganzen Buchstaben zu ergänzen. Nehmen Sie einfach ein 'ß', wobei ein 'N' auch richtig wäre.

Ich jedenfalls bin gespannt, was die Programmverantwortlichen sich als Nächstes einfallen lassen, um den potentiellen Zuschauer in den BERTELSMANN-

Bücherclub zu treiben. Vielleicht "Augenbrauen kämmen" mit Theo Waigel, "Richtig buchstabieren" mit Maren Gilzer oder "Richtig im Aldi einkaufen" mit Mutter Beimer. Aber ohne mich !

8

Fachchinesisch

Seit mir neulich unser Rechenzentrum ein Paket geliefert hat, kann ich mir ungefähr vorstellen, wie sich jemand, der keine Ahnung von PCs hat, fühlen muß, nachdem er Windows 2000 installiert hat. In besagtem Paket war ein technisches Gerät verstaut. Ein Kasten so groß wie ein Schuhkarton mit vielen grünen Lämpchen. Da ich auf die schnelle nicht so recht wußte, wann, warum und wie ich dieses Gerät wo anschließen sollte, entschloß ich mich, den beiliegenden Handzettel 'Einbau ISDN-Backupumschalter' zu studieren. Aha ! Aus der Überschrift entwickelte ich die Theorie, daß es sich um einen ISDN-Backupumschalter handeln mußte.

Ja, ich weiß genau was Sie fragen wollen: Was genau ist ein Backupumschalter ? Und genau diese Frage habe ich mir auch gestellt und keine Antwort bekommen.

Obgleich ich die Bestimmung dieser feinen technischen Maschine nicht in Erfahrung bringen konnte, entschloß ich mich, die Installationshinweise zu studieren. Und es war eigentlich ganz einfach. Ich mußte nur das

IDB/64 mit dem Stromnetz verbinden und das RJ45-Kabel in die S0-BUS-Buchse des NTBA der TELEKOM stecken. Alleine dieses Wort TELEKOM erzeugte in mir ein unbehagliches Gefühl.

Höchst verunsichert, aber doch irgendwie neugierig, schaute ich mich im EDV-Raum um. Tja, wo war jetzt dieses NTBA ? Und wo befand sich die S0-BUS-Buchse ? Glauben Sie mir, Sie hätten mir in diesem Moment auch eine umgebaute Mikrowelle vor die Nase halten können. Ich hätte versucht, dieses RJ45-Kabel irgendwo reinzustecken.

Sichtlich mitgenommen entschloß ich mich, die auf dem Handzettel angegebene Telefonnummer anzurufen. Der Mitarbeiter des Rechenzentrums meldete sich recht freundlich. Als ich ihm von diesem unseligen Paket erzählte und offenherzig zugab, daß ich nicht wisse, was zu tun sei, beruhigte er mich sogleich. Ich solle mir keine Sorgen machen. Ich müsse nur das IDB/64 mit dem Stromnetz verbinden und das RJ45-Kabel in die S0-BUS-Buchse des NTBA der TELEKOM stecken.

"Ach so, das wußte ich nicht", sagte ich und erklärte ihm, daß ich das bereits auf dem Handzettel gelesen und nicht verstanden hätte. Also fragte ich ihn, was das denn im richtigen Leben zu bedeuten hätte. Nachdem der nette

Herr mir die einzelnen Elemente erklärt hatte und ich einige Zeit ziellos im EDV-Raum herumgeirrt war, installierte ich den ISDN-Backupumschalter.

Als ich wieder auf dem Weg in mein Büro war, stellte ich fest, daß mich die vergangenen Minuten nur wenig befriedigt hatten, da ich so ganz viel von dem, was ich getan hatte, nicht verstanden hatte. Und um Ihnen die EDV-Welt ein bißchen näher zu bringen, habe ich unter Verwendung einer Vorlage der Firma dvg ein leicht skurriles EDV-Lexikon geschrieben:

abstürzen: eigenmächtiges Herunterfahren eines Programmes; findet immer zum denkbar ungünstigsten Zeitpunkt statt

Auftrag: 1.) Programmfolge zur Bearbeitung eines Problems. 2.) Anweisung, Eis oder ähnliche Nahrungsmittel zu besorgen; Leidtragende meist Auszubildende

Bit: 1.) alkoholhaltiges Kaltgetränk, das zwei Zustände kennt: fließt in Strömen oder fließt nicht in Strömen. 2.) elektronischer Wert, der zwei Zustände beschreibt: Strom fließt oder Strom fließt nicht

blank [blenk]: 1.) Englisch für Leerzeichen. 2.) Zustand kurz vor dem 15. eines Kalendermonats

canceln [kenzeln]: (engl.) Irgendetwas aus irgendwelchen Gründen dann irgendwie doch nicht wollen

EDV: Abk. Ende der Vernunft, bedeutet auch meist den Anfang von Arbeit

externe Unterbrechung: kommt meist zustande, wenn während eines (siehe auch) Meetings unerwartet ein Kunde in der Tür steht

Information: Das, was alle gerne hätten, wovon es immer zu wenig gibt und woran oft vieles scheitert

Job: (engl.) Bezeichnung für den Teil des Tages, den man mehr oder weniger zufällig im Büro verbringt

Leerbit: umgangssprachlich 'Leeres Bit'; Meist Zustand gegen Feierabend (siehe auch Bit)

Meeting [mieting]: (engl.) beliebte Treffen mindestens zweier, meist jedoch mehrerer Mitarbeiter, um sich der Euphorie des guten Gruppengefühls hinzugeben

Multimedia: Beschreibung des Umfeldes am Arbeitsplatz; Arbeiten am PC und gleichzeitig Radio hören

Netzwerk: nicht greifbares, oft auch nicht begreifbares Gebilde, das Entfernungen schrumpfen und Nutzer in all diesen Verstrickungen ziemlich rasch altern läßt

OE: (Organisationseinheit) Ansammlung von Mitarbeitern, die mehr oder weniger die gleichen Ziele verfolgen

Offline [offlein]: (engl.) ein Alptraum

Online [onlein]: (engl.) ein Wunschtraum

PIN-Code: (engl.) vier Ziffern, technische Form des märchenhaften "Sesam öffne Dich..."

Server [Söwer]: (engl.) der Heilige Gral im Herzen des Netzwerkes

Software [Softwär]: (engl.) der Herzschrittmacher der Hardware

Team: (engl.) tolle organisatorische Erfindung, in deren Rahmen sich nun jeder auf einen anderen verläßt und dabei oft verlassen ist

time sharing [teim schäring]: (engl.) etwas Zeit miteinander verbringen (siehe auch Meeting)

Übertragungsgeschwindigkeit: sollte kürzer sein als dieses Wort

9

Sonntag Morgen

Ja, da sind sie wieder, die Sonntag-Morgen-Kopfschmerzen. Da es mir sowieso schlecht geht, kann ich auch zu Mc Donalds fahren. Es ist ja auch schon zehn Uhr durch, denke ich, während ich meine frühstückenden Eltern schweigend links liegen lasse. Also ab ins Auto und auf die Bahn.

Kurze Zeit später fahre ich auf den Mc Donalds-Parkplatz. Ich schleppe mich zur Verkaufstheke. Vor mir steht ein dunkelhäutiger Mann, der Donuts und Kaffee bestellt. Der schmierige Typ hinter dem Tresen grinst und sagt: "Sie trinken den Kaffee sicher schwarz !" Im nächsten Moment lacht er los, klopft sich auf die Schenkel und schüttelt sein fettiges Haupt. Ich sehe wie sich einige Schuppen aus seinen glänzenden Haaren lösen und auf die mit Puderzucker bestreuten Donuts fallen. Der Schwarze greift in seine Manteltasche und zieht ein Messer. In Angst um mein Frühstück versuche ich ihn zu beschwichtigen: "Mann, mach das nicht. Wenn Du mich fragst wäre ich lieber ein schwarzer Bruder als eine Bedienung bei Mc Donalds. Peace !"

Meine beruhigenden Worte zeigen Wirkung. Der Schwarze steckt das Messer wieder ein und gibt mir Fünf. Dann zahlt er und verschwindet.

Nachdem sich die Bedienung wieder eingekriegt hat, gebe ich meine Bestellung auf. Ich schlage alle Warnungen, Gerüchte und Gerüche in den Wind und genehmige mir einen Egg McMuffin. Dazu einen Cheeseburger. Der schmierige Kerl fragt mich, ob ich Kaffee dazu möchte. Um einen erneuten Spruch dieses Subjektes zu vermeiden, sage ich: "Geben Sie mir einen Bananenmilchshake." Das Wesen setzt sich in Bewegung und kommt kurz darauf mit meinem Milchshake wieder. "**MIT** oder **OHNE** ?" fragt er mich. Mit verwirrten Blick schaue ich ihn an. Noch bevor ich nachfragen kann, meint er: "Nehmen Sie **MIT**, das schmeckt nicht schlecht !" Der Halbaffe zieht einen Gelben hoch und läßt ihn in meinen Milchshake herab. Ich nehme mein Tablett, wende mich ab und lasse einen johlenden Verrückten hinter mir.

Als ich meinen Blick schweifen lasse, um ein ruhiges Plätzchen zu finden, traue ich meinen Augen nicht: Auf den Tischen liegen Tischdecken und Vasen mit frischen Blumen zieren jeden Platz. Schnell stelle ich mein Tablett ab und laufe nach draußen. Ja, doch.

Ich bin bei Mc Donalds. Hier auf dem Schild steht es. Völlig entgeistert gehe ich wieder rein und setze mich an meinen Tisch.

Egg McMuffin. Alleine dieser Name verspricht nichts Gutes. Ich packe das Ding aus. Er besteht aus käseartigem Glibber, Schinkenextraktlappen und kaltem, ekligem, gepreßtem Rührei. Ich beiße ein großes Stück heraus und lasse es in meinen Magen hinuntergleiten. Sofort dreht sich alles. Meine Augen fangen an zu tränen, von meiner Zunge steigen undefinierbare Dämpfe auf, irgendwas in meinem Magen rumpelt. Plötzlich merke ich, daß auf meiner Zunge mein Gallenstein mit gepackten Koffern steht und mir zuschreit: "Du blöder Sack ! Ich bin ja einiges von Dir gewohnt, aber es ist eine Extrasauerei mir einen derartigen Scheißfraß anzubieten. Ich gehe."

Ich fange an zu röcheln und würge die Pappe raus. Ich muß hier weg. Schnell schraube ich mir den Cheesie rein und stürze den Milchshake runter. Gerade als ich den Becher absetze, fällt es mir ein: Da war doch was !?

Ich springe auf und laufe, mich übergebend, raus zu meinem Auto. Als ich vom Parkplatz fahre, sehe ich noch, wie sie mein Erbrochenes in die Plastiktöpfe für gemischten Salat schaufeln. Jetzt fahre ich auf der Schnellstraße nach Hause und weiß: Morgens um zehn ist die Welt noch in Ordnung, es sei denn Du frühstückst bei Mc Donalds.

10

Der Kaufhaus-Horrortrip

Ich habe da gleich mal eine Frage an die männlichen Leser dieses Buches: Waren Sie schon mal mit Ihrer Frau oder Freundin einkaufen ? Ja ? Na, dann brauchen Sie eigentlich nicht mehr weiterlesen, denn sicher kennen Sie ihn dann auch: Den Kaufhaus-Horrortrip.

Ich war so froh, daß ich endlich Urlaub hatte. Ruhe, Entspannung. Das war mein erklärtes Ziel. Welches Ziel meine Freundin hatte, weiß ich nicht. Ging es wirklich darum, neue Klamotten zu kaufen oder wollte sie mich in den Wahnsinn treiben ?

Ich hatte drei Wochen Urlaub und in dieser Zeit waren wir an fünf Tagen einkaufen. Vor allem neue Schuhe und ein Portemonnaie mußten her. Gut, also am Dienstag der ersten Woche nach Hannover. Dort haben wir in 23 Geschäften nach einer Geldbörse gesucht. Ich habe meiner süßen Maus natürlich auch welche gezeigt, die ich gut fand. Aber nein. Irgendwas war immer: Zu teuer, zu billig, zu groß, zu klein, zu grün, zu blöd, usw. Mit anderen Worten: In Hannover haben wir keine gefunden. Und genauso verhielt es sich in den

34 Schuhgeschäften an diesem Tag. Vielleicht hatten wir ja in Minden am folgenden Tag mehr Glück.

Nein, nicht wirklich. Zwar hatte die Frau bei JPC eine CD bestellt, aber keine Schuhe und kein Portemonnaie hatten den Besitzer gewechselt. Nach einer Vielzahl von Läden und ein paar Nerven weniger kehrten wir wieder nach Hause zurück. Machte aber nichts, denn schließlich würden wir in ein paar Tagen ja Freunde in Osnabrück besuchen.

Aha ! Osnabrück. Ich hoffte, daß wir dort was passendes finden würden. Hoffnung ist was schönes. Aber leider erfüllen sich ja bekanntlich nicht alle Hoffnungen. Nach vier Stunden und 231 Geschäften war der Rucksack von Masha immer noch leer.

Auf dem Weg zurück in die Heimat am nächsten Tag wollten wir nur eben die CD aus Minden abholen. Sicher !! Ich bin aber auch naiv. Wie konnte ich glauben, daß man (oder vielmehr frau) nur mal eben in die Stadt geht, um eine CD abzuholen !!! Ich Dussel !! Also ging sie wieder los, die Suche nach Schuhen und einem Portemonnaie. Daß wir eine Woche vorher in den gleichen Geschäften waren, störte Masha dabei wenig. Und tatsächlich waren wir eine Sorge los. Denn ein wunderschönes, braunes Portemonnaie (mit der richtigen Größe, Farbe und einem angemessenen Preis), das sie vor Tagen aber auch schon in der Hand gehalten hatte, fand die königliche Zustimmung.

Und da kam wohl der größte Unterschied zwischen Mann und Frau deutlich zum Vorschein: Ein Mann wäre - schon am ersten Tag - mit dem Portemonnaie geradewegs zur Kasse gegangen. Eine Frau aber steuert zielstrebig die Kasse an, um dann blitzartig nach links zu den Halstüchern abzubiegen und dort die nächsten 23 Minuten zu verbringen. Endlich bewegte sich die Frau wieder in Richtung Kasse. Ja, so ist es gut. Ein Schritt nach dem anderen. Aber was ist das denn da auf der rechten Seite ? Taschen ??? Also wieder 12 Minuten meines Lebens mit ein paar lackierten Schweinehäuten vertan, bevor die Ware endlich bezahlt wurde und wir das Geschäft verlassen konnten.

Aber irgendwo mußte es doch Schuhe geben, die dem einfachen und weit umfassenden Geschmack einer Frau entsprechen. Vielleicht am nächsten Tag in Hameln ?? Ja, vielleicht. Es mußte so sein, denn mein Urlaub war ja fast schon wieder vorbei und meine Nerven verlangten dennoch nach einem Sanatorium.

Im fünften Schuhgeschäft kam ein Paar in die nähere Auswahl. Aber erst mußten wir natürlich in die restlichen 46 Läden. Natürlich. Auf dem Weg dahin wurde noch kurz ein Top in einem kleinem Laden ausgesucht. „Wie findest Du das, Schatzi?" Ich sammelte noch einmal meine ganze Energie und sagte mit einem Lächeln: "Yo ! Das sieht klasse aus. Kauf das !" - "O.K.... .Aber jetzt brauche ich dazu noch einen passenden Rock."

Nachdem ich wieder aus meiner Ohnmacht erwacht und vom Boden aufgestanden war, ging es also auf Rocksuche. In einem Geschäft durchstöberten wir die Ständer. Ich fand einen phantastischen Rock, zeigte ihn Masha und erntete nur ein abfälliges "Der ist aus Polyester. Das ist zu warm im Sommer !" Bei der Kürze des Rockes war mir spontan unklar, wie dieser Fetzen Stoff zu warm sein konnte. Aber gut. Wenige Minuten später zog sie einen roten Rock aus dem Ständer und sagte: "Oh, der ist ja toll !" Verzweifelt erwiderte ich: "Aber der ist auch aus Polyester !" - "Ja, schon. Aber der ist nicht so warm." Verstehe !!!!???

Auf dem Weg zurück durch die Fußgängerzone gingen wir noch einmal in dieses besondere Schuhgeschäft, in dem dieser besondere Schuh noch in der Auswahl war. Masha sagte: "O.K., die nehme ich." - "Du darfst nicht mit mir spielen", antwortete ich. Aber es ist wirklich passiert. Masha kaufte die

Schuhe. Völlig erschöpft aber glücklich fuhren wir nach Hause. Und zur Belohnung durfte ich noch ein paar Burger bei McDonald's essen. Ich hatte den Horrortrip überstanden. Aber für welchen Preis ?!

11

Konzertbericht von den „Fantastischen Vier"

Eigentlich waren die Voraussetzungen für einen schönen Abend schlecht !!! Denn Andi, der extra wegen des Fanti-Konzertes die heimische Nordseeküste verlassen hatte, und ich hatten am Abend vorher eine Flasche Jack geleert und die Nacht dauerte nur 4 Stunden. Zu kurz für die richtige Stimmung für einen Hip Hop-Gig.

Der Verzehr von Mr. Daniel's Feinstem hatte seltsame Auswirkungen auf meinen Körper. Na klar, da ich ja sonst keinen Alkohol trinke und nur Andi zuliebe ein paar Gläser runtergeschüttet hatte. Und auch mein Zahnarzt, der mich morgens zwischen Wurzelbehandlung hinter Tor 1 oder Zahn ziehen hinter Tor 2 wählen ließ, fand, daß ich irgendwie schlecht aussehe. Ich hatte mich dann für Tor 2 entschieden und bin nach Hause zurück, wo Andi schon sehnsüchtig auf mich wartete. Nicht, weil er sich um mich sorgte. Nein, er wollte vor dem Konzert noch einkaufen. AAAAHHHHH !!

Also sind wir am frühen Nachmittag nach Hannover aufgebrochen. In Hannovers City lief dann alles wie zu der Zeit, als Andi und ich noch in Niedersachsens Hauptstadt studiert hatten. Erstmal zu Mc Donalds etwas Pappe inhalieren. Es wurde jedoch kein Revival der "All-you-can-eat-Wetteinlösungs-Orgie" von 1997. Dann zu Sport-Scheck, Brinkmann, Karstadt, WOM und P & C. Der alten Zeiten zuliebe noch kurz zum Brauhaus Ernst-August und ein Bier zum Aufmuntern, denn irgendwie waren wir noch sehr müde.

Schließlich machten wir uns auf den Weg zur Stadionsporthalle. Als wir dort ankamen, war es schon recht voll. Gut, die Organisatoren hätten die sechs bis achttausend Menschen auch auf mehr als einen Eingang verteilen können. Aber warum ?? Die "Menschen-Schleuse" war leicht zu finden. Zum Glück hatte ein Fantis-Fan den Weg mit Erbrochenem markiert. So mußten wir nur dem beißenden Geruch und dem zeitweise erklingenden "IIIIIGGHH, was ist das da an meinem Schuh ??" folgen.

Glücklicherweise hatten wir Karten für den Innenraum. Auf dem Weg nach unten sah ich einen seltsam aussehenden Menschen und dachte noch: Was für ein Spinner trägt bei dem Wetter Shorts und so eine beschissene Kappe. Die sieht eher aus wie eine Pudelmütze für Affen. Naja, hinterher stellte sich heraus, daß es ein Mitglied einer der Vorgruppen war.

46

Im Innenraum hatten wir Plätze etwa fünf Meter von der Bühne entfernt ergattern können. Prima, wie wir erst dachten. Der Standort war ja auch in Ordnung, aber die Nachbarn waren eher nervend. Eine Gruppe kleiner pubertierender Mädchen stand vor uns, die wohl von ihren Aufsehern die Karten geschenkt bekommen hatte, um mal in Ruhe Kegeln gehen zu können.

Es waren noch gut 40 Minuten bis die Vorgruppen spielen sollten. Aber wie schnell ging die Zeit vorbei, während wir diese kleinen Haufen Östrogene beobachten konnten, wie sie nach Jungs Ausschau hielten. Erst war ich ganz froh, als die Gruppen „Gentleman" und irgendwas mit „Killer" anfingen, ihr Programm abzujodeln. So mußten wir nicht ständig dieses "Ist der süüß!" und "Wo ? Wo ist er denn ?" der kleinen Bratzen hören. Aber irgendwie war diese Band .... ja, wie soll ich es sagen .... die letzte Scheiße. Die Musik war eine Mischung aus Reggae und Hip Hop und die "Sänger" (unter ihnen der bemützte Affe) sprachen Suaheli oder so. Ich habe kein Wort verstanden. Nur bei einem Lied konnte man so etwas wie "legalize marijuana" erahnen. Und das muß es dann auch gewesen sein, denn ein schwarzer Rastermann riß eine Schneise in die Menge und rannte bis kurz vor die Bühne, wo er springend und mit den Armen fuchtelnd verharrte. Ein Blick in seine Augen ließ mich vermuten, daß der Text dieses Liedes wohl von ihm stammen mußte. Anschließend war „Afrob" an der Reihe und heizte die Massen richtig an. Zeitweise erinnerte mich das Treiben vor der Bühne eher an Pogo. Es war schwer, seine Position zu halten ohne dem Typen neben mir nicht eine reinzuhauen.

Dann kamen endlich die „Fantastischen 4" und stellten mal wieder unter Beweis, daß sie die geilste Live-Performance überhaupt haben. Fast zwei Stunden eine supigeile Party !! Nach dem letzten Lied kamen Smudo, Michi, Thomas und der stumme Andi Y. von der Bühne zur Absperrung. Andi lief sofort nach vorne und ich folgte ihm. Thomas D. schüttelte mir zweimal die Hand (ey, Wahnsinn !!!) und Andi kündigte an, daß er sich nie wieder waschen würde, weil er Thomas D. und SMUDO berührt hatte. Außerdem wußte er zu berichten, daß ein blondes Mädchen, das bei Beginn des Konzertes noch hinter uns gestanden hatte, Thomas D. einen Koitus angeboten hatte.

Völlig fertig und ausgebrannt, aber glücklich fuhren wir nach Hause. Nun war es doch ein fantastischer Abend geworden !!!

12

Ein BLUB zuviel

Stimmt ! Hier geht es um Verona "in meinem Kopf macht es immer BLUB" Feldbusch. Ich kann es aber jetzt wirklich nicht mehr ab. Früher ging es ja noch. Damals trat diese schwarzhaarige Kombination aus Kleiderständer und Versuchskaninchen für Gehirnoperationen ja nur in niveaulosen Erotikmagazinen auf und informierte uns über Geschlechtskrankheiten (worüber sie nach ihrer Ehe mit Dieter Bohlen sicher ein Diplom haben dürfte). Gut, sie war und ist bestimmt eine Expertin für alle Themen, die sich rund um den Koitus ranken. Die Vermutung, daß ihr schon mit 17 das Gehirn rausgenagelt wurde, könnte da einiges erklären. Dabei hat es wohl einmal zu viel BLUB gemacht !

Aber was ist dann passiert ? Die Trulla verkauft in jedem zweiten Werbespot im Fernsehen ihre Ballons für Spinat und ein Unternehmen, bei dem man für wenig Geld eine Nummer bekommen kann (O.K., das war jetzt ein flacher Kalauer). By the way: Der Slogan 'Da werden Sie geholfen !' paßt in Kombination mit dem Werbeträger wohl eher für eine Psychiatrie oder für die Betty-Ford-Klinik. Und der Gipfel ist, daß Veronanie jetzt auch in TV-Shows eingeladen wird, die normalerweise ein anspruchsvolleres Publikum bedienen. Gut, Reinhold Beckmann und Alfred Bio-Leck diskutieren in ihren Sendungen auch nicht gerade oft über die wirtschaftlichen Probleme in der ehemaligen Ostzone. Aber für Veronas aktuellen Kalender, im dem sie in den neuesten Schlüpfern für Nymphomaninnen zu sehen ist, eine halbe Stunde meiner teuer bezahlten GEZ-Sendezeit zu verschwenden, halte ich für schlicht unangemessen.

Ja, ist ja schon gut. Ich weiß, was Sie jetzt denken: Der Typ ist ja nur neidisch auf ihren Erfolg und ihr Geld. Aber das stimmt nicht. Es geht dabei gar nicht um mich. Sondern um all die vielen Menschen, die auch den ganzen Tag nur Scheiße labern, den IQ eines Milchbrötchens haben und trotzdem die monatlichen Abbuchungen für die Arbeitslosenversicherung nach oben treiben. Wieso stehen DIE nicht mit Bio am Campingkocher vor der Kamera, schrauben sich billigen Tütenrotwein rein und bereiten Linsensuppe aus dem Aldi zu ? Die haben doch die gleiche Qualifikation dazu !

13

Drum prüfe, wer sich ewig bindet !

Ende letzten Jahres überlegte ich mir, ob ich die Krankenkasse wechseln sollte. Denn schließlich war meine damalige nicht die billigste, und man muß ja bei einem Arztbesuch sowieso bald alles selbst bezahlen. Also folgte ich der Empfehlung eines Kollegen und füllte einen Aufnahmeantrag der „BKK - Der Partner" in Hildesheim aus. Weshalb das ein folgenschwerer Fehler war, beantwortet der nachfolgende Originalbrief, den ich Weihnachten an die Geschäftsleitung der BKK geschrieben habe.

An die
Geschäftsleitung der
BKK der Partner
Schuhstraße 46

31134 Hildesheim

Können SIE mich verstehen ?

Sehr geehrte Damen und Herren,

ich weiß, es ist für Sie unbefriedigend, sich persönlich mit Kundenbeschwerden befassen zu müssen. Aber ich habe in den letzten Wochen das Gefühl gewonnen, daß Ihre Mitarbeiter mich nicht verstanden haben, obwohl ich mich doch immer deutlich ausgedrückt und auch meistens sehr langsam gesprochen habe. Daher eingangs meine Frage: Verstehen wenigstens SIE das, was ich Ihnen jetzt versuche, in einfachen Worten zu erklären?

Anfang Oktober hielt ich es für eine gute Idee, meine Krankenkasse zu wechseln. Also habe ich den Vertrag bei meiner alten Krankenkasse gekündigt und Ihrem Laden einen Aufnahmeantrag geschickt. Man könnte mich also einen Neukunden für Sie nennen. EINEN NEUKUNDEN! Ich wollte es nur noch einmal herausstellen, ohne zu wissen, ob die Neukundengewinnung ein geschäftspolitisches Ziel für Sie ist. Es scheint mir nicht so zu sein.

Nachdem ich vier Wochen lang nichts von meinem neuen "Partner" gehört hatte, fühlte ich mich genötigt, bei Ihnen telefonisch nachzufragen, ob mein Antrag denn eingegangen sei. Die nette Frau entschuldigte sich dafür, daß noch keine Bestätigung verschickt wurde, weil "die in der Zentrale ein Problem mit der Erfassung haben". Ich bat die Dame, mir trotzdem eine kurze Mitteilung zu

*schreiben, daß mein Antrag vorliege. Sie tat
so, als hätte sie es verstanden und sagte mir
kurzfristig einen entsprechenden Brief zu.*

*Nach ca. 1 1/2 Wochen wollte mein
Briefträger meine täglichen Fragen nach
einem Brief von der BKK nicht mehr
beantworten. Also griff ich erneut zum Telefon,
um mich nach dem Stand der Dinge zu
erkundigen. Diesmal hieß es in der
Begründung, daß im Moment die PCs
ausgetauscht werden, weil ein Jahr-2000-
Problem vorliege. Ich bat darum, mir und
meinem Arbeitgeber innerhalb einer Woche
die Unterlagen zuzuschicken. Und wieder tat
die Frau so, als hätte sie begriffen, was nun zu
tun sei.*

*Jetzt sind Sie sicher gespannt, was passierte.
Ich war es auch. Ich will Sie nicht länger auf
die Folter spannen. Nachdem wieder 10 Tage
ins Land gezogen waren, also insgesamt fast
zwei Monate nach Einsendung meiner
Mitgliedschaftserklärung, fragte ich in der
Personalabteilung meines Arbeitgebers nach
Unterlagen von der BKK und erntete nur ein
mitleidiges Kopfschütteln. Also griff ich zum
dritten Mal zum Telefon und hoffte, daß ich
jetzt einen Mitarbeiter erwischen würde, der
meinen Worten folgen konnte. Ich versuchte
der Frau am anderen Ende der Leitung zu
erklären, daß ich jetzt genug von der BKK*

hätte. Ich forderte sie auf, mir umgehend ein Fax zu schicken, daß mein Mitgliedsantrag von Ihnen nicht zu Kenntnis genommen wird. Mit einfachen Worten: Ich wollte nun nicht mehr bei Ihnen Mitglied werden, denn ich hatte einfach viel zu viel Angst davor, wirklich einmal krank zu werden und womöglich bei Ihnen anrufen zu müssen. Die Frau hinterließ bei mir den Eindruck, als würde sie meinen Anweisungen folgen.

Nach sechs Stunden war das Faxgerät noch immer leer. Naja, sie wissen ja, was jetzt kommt. Zum vierten Mal wählte ich diese Telefonnummer der „BKK der Partner". Wie sich durch meine Nachfrage herausstellte, hatte ich Herrn Meier, einen Abteilungsleiter oder so, als Gesprächspartner. „Naja, der wird ja wohl meinen Worten folgen können!" dachte ich. Ich beschrieb ihm, was in den letzten zwei Monaten passiert war. Er kannte den Fall bereits. Herr Meier erklärte mir, daß seine Mitarbeiterin seit Stunden erfolglos versuche, mir dieses Fax zu schicken. Scheint so, als ob nicht nur Ihre PCs nicht mehr auf dem neusten Stand sind. Also bat ich Herrn Meier, meine Anschrift auf einen Umschlag zu schreiben, das Fax hineinzulegen und eine kleine bunte Briefmarke der Deutschen Bundespost aufzukleben. Herr Meier sicherte mir zu, daß das schon passiert sei. Na, dann war die Angelegenheit ja endlich erledigt.

Ach nein ! Ich hatte vergessen, daß mich ja die Mitarbeiter der BKK nicht verstehen. Denn am nächsten Tag fand ich einen Brief in meinem Briefkasten, der in der Betreffzeile folgende Worte trug: >> Herzlich Willkommen in der BKK DER PARTNER. <<

Sind Sie jetzt auch so überrascht wie ich es war ? Was blieb mir also anderes übrig, als zum fünften Mal diesen Partner anzurufen, den ich schon längst nicht mehr als Partner haben wollte. Ich verlangte wieder Herrn Meier, den ich "in einem Seminar" stören durfte. Leider versäumte ich in meiner Wut zu fragen, ob es sich um das Seminar "Vermeidung von Kommunikationsstörungen anhand des Sender-Empfänger-Modells" handelte. Ich versuchte ein sehr verständlicher Sender der folgenden Nachricht zu sein: ICH WILL NICHT MEHR MITGLIED DER BKK WERDEN ! Herr Meier sah wohl ein, daß es keinen Sinn hatte, mich umzustimmen und erklärte, daß er dafür sorge, daß meine Mitgliedserklärung zurückgenommen wird. Ich bat darum, mir dieses schriftlich zu bestätigen. Er sah darin keinen Sinn und wollte, daß ich mich auf seine mündliche Zusage verlasse. Denn: "Wenn es keinen Mitgliedsantrag gäbe, könne ich ja schließlich auch nicht Mitglied werden", erklärte er selbstsicher und mit verärgertem Ton. Ich bestand trotzdem darauf und schon am nächsten Tag hielt ich einen Brief in Händen, der mir die Rücknahme meiner Mitgliedserklärung bestätigte.

Möchten Sie raten, was ich am Tag vor Heiligabend für ein besonderes Geschenk von der BKK der Partner bekommen habe ? Bestimmt kommen Sie von selbst darauf. Richtig. Es war ein freudiger Brief, in dem steht: >> Herzlich Willkommen in der BKK DER PARTNER [...] Wir werden Ihnen immer ein kompetenter und leistungsstarker Partner sein [...] garantieren einen individuellen Service und ausgezeichnete Leistungen [...] Ihr Arbeitgeber hat zwischenzeitlich eine Mitgliedsbescheinigung von uns erhalten. <<

Tja, jetzt wissen Sie als Mitglied der Geschäftsführung sicher nicht, ob Sie lachen oder weinen sollen. Also ich könnte eher weinen. Denn nun muß ich Montag zum sechsten Mal bei Ihnen in Hildesheim anrufen. Ich weiß aber mittlerweile nicht mehr, wie einfach meine Worte und Sätze sein müssen, damit Sie es endlich verstehen:

ICH WILL NICHT MITGLIED DER BKK WERDEN !!! HABEN SIE DEN SINN DIESER WORTE VERSTANDEN ?

Mit unmißverständlichen Grüßen

Ich tat am Montag nach Weihnachten das im Brief avisierte und rief wieder bei der BKK an. Ich ließ mir gleich die Gruppenleiterin geben, der ich die ganze Geschichte erzählte. Schon wieder ! Sie war sehr bestürzt über diese Mißgeschicke und entschuldigte sich herzergreifend. Ich bat sie, mir schon wieder einen Brief zu schicken, der mir schon wieder bestätigt, daß ich nicht Mitglied der BKK werde. Sie tat so, als wären wir einer Meinung und legte den Hörer auf.

Am 30.12.1999 fand ich **DREI** Briefe der BKK in meinem Briefkasten. Intuitiv öffnete ich die Umschläge in der richtigen Reihenfolge. Der erste Brief enthielt die Botschaft, daß ich nicht Mitglied der BKK werde. Prima !! Sie haben mich verstanden. Im zweiten Brief fand ich meine neue Versichertenkarte. O.K., der Versand der Karte konnte vielleicht nicht mehr gestoppt werden, obwohl doch zwei Tage Zeit gewesen waren. Voller Spannung öffnete ich den dritten Umschlag, und gar nicht mehr überrascht las ich die ersten Worte: >> Herzlich Willkommen in der BKK DER PARTNER. << Schon wieder ! Zum dritten Mal ! Was blieb mir anderes übrig, als zum siebten Mal in Hildesheim bei der ... ähm ... ja, richtig, BKK anzurufen.

Ich sprach wieder mit der freundlichen Gruppenleiterin und fragte, ob sie meine Sprache verstehen kann. Nachdem sie mit einem deutlichen "Ja." geantwortet hatte, wollte ich von ihr wissen, ob die Mitarbeiter der BKK allesamt senil oder ein einfach nur total bescheuert sind. Langsam schien sie sich an mich und meine Odyssee zu erinnern. Ich berichtete ihr in möglichst kurzen Sätzen, die fast keine Fremdworte enthielten, von den drei Briefen. "Na, das kann ja nun wirklich nicht sein !" sagte sie. Yo ! Das fand ich schon seit langem. Ich erwiderte, daß ich nur noch einen Brief von der BKK haben wolle: Eine Stellungnahme von der Geschäftsführung. Sie wollte es an die entsprechenden Personen weiterleiten, aber irgendwie habe ich kein gutes Gefühl dabei. Denn ich glaube, der erste Satz in diesem Brief wird mit Sicherheit lauten: >> Herzlich Willkommen in der BKK DER PARTNER. <<

14

Bitte, helfen Sie mir !!!

Ich bin verzweifelt !! Ich weiß nicht mehr weiter !! Ich glaube ich habe den Verstand verloren !! Manch einer kann an diesen Sätzen nichts Neues an mir erkennen, aber diesmal ist es mir wirklich ernst. Ich bin auf der Suche nach getrockneten Zwiebeln. Aber von Anfang an:

Ich habe einmal ein Glas davon gekauft und bemerkt, daß sie zum Kochen eigentlich gut zu verwenden sind. Sie sind schon in ganz kleine Würfel geschnitten, also brennt es nicht in den Augen. Sie sind lange haltbar, d.h. ich muß nicht immer eine halbe Zwiebel wegwerfen, weil sie vergammelt ist. Und sie schmecken auch ganz gut. Nur leider war mein Vorrat naturgemäß irgendwann aufgebraucht. „Naja, nicht schlimm", dachte ich. „Kaufe ich eben eine neues Glas." WEIT GEFEHLT !!

Bei meinem wöchentlichen Marktkauf-Besuch mußte ich leider feststellen, daß "das gesuchte Produkt nicht im Sortiment ist", wie mir der nette Mann im tuckigen grünen Kittel erklärte. Gut, das kann sein. Schließlich verschlug es mich auch öfter mal zum nahe gelegenen Aldi. "Hamma nich", antwortete mir der Marktleiter mit gespielter Fachkompetenz. Denn er tippte gekonnt und durchaus beeindruckend mit dem Zeigefinger an sein Kinn und orakelte: "Aber die jibt et beim LIDL." So, so. Aha. Während ich mich also beim LIDL durch die Regale wühlte, kam ich zu zwei Erkenntnissen. Erstens: Der Aldi-Marktleiter klaut nicht alle Lebensmittel für seine Familie aus seinem Lager, sondern geht auch noch bei der Konkurrenz einkaufen. Zweitens: Er redet wirr, denn die LIDL-Frau entgegnete mir: "Ich würde ja nicht mal unser frisches Gemüse mit Gummihandschuhen anfassen, geschweige denn essen." Verstehe.

Da der EXTRA-Markt gleich nebenan liegt, bin ich anschließend dorthin gefahren. Obwohl ich mich nicht erinnern kann, wann ich das letzte Mal dort eingekauft habe. Doch wie heißt es so schön: Versuch macht kluch. Vielleicht würde ich dort Weisheit erfahren ! Aber getrocknete Zwiebeln habe ich dort nicht gefunden. So langsam wurde mir die Sache unheimlich. Hatte es diese Zwiebeln überhaupt gegeben ? Habe ich je getrocknetes Gemüse zum Kochen verwendet ? Oder ist diese fixe Idee nur ein Produkt meiner Phantasie ? Ich fuhr nach Hause, um mich davon zu überzeugen. Hm..... doch, da stand das leere Glas vor mir. Ich bin also nicht verrückt.

Ich war mittlerweile besessen von dem

Gedanken, daß ich doch irgendwo diese Zwiebeln gekauft haben mußte. Aber wo ? Als ich am nächsten Tag aus dem Büro kam, fiel mir ein, daß ich ja manchmal auf der Fahrt nach Hause beim Penny-Markt angehalten hatte. JAA ! Das muß doch der Laden gewesen sein. Kichernd und die Hände reibend stürmte ich den Supermarkt. Ich fand die Gemüseabteilung nicht sofort. Daher griff ich mir die am nächsten stehende Verkäuferinnen-Attrappe und fragte sie: "Hi hi hi, ich brauche getrocknete Zwiebeln. Ich weiß, daß sie welche haben. Es muß so sein !" Ich blickte in ihr entsetztes Gesicht und harrte auf eine Antwort. "Aagggh, so etwas haben wir nicht !!" - "DOCH !! IHR MÜSST SIE HABEN !"

Es half alles nichts. Ich fuhr an diesem Abend noch in den Depot-Markt und zum Dixi, aber nirgends gab es diese getrockneten Zwiebeln. Daher komme ich zurück zum Anfang: Bitte helfen Sie mir. Wer weiß, wo ich diese getrockneten Zwiebeln im Glas kaufen kann ? Wenn Sie einen Hinweis haben, schicken Sie mir möglichst schnell eine Mail an zwiebeln@phrasenmaeher.de. Bitte !!!!!

15

Autofahrer sind faul !

Ganz bestimmt fahren Sie auch einen Wagen. Was ist es denn ? Ein Golf ? Mercedes ? Oder einen Lada ? Ist eigentlich auch egal. Denn letztlich sind Autofahrer faule Menschen, egal welche Marke sie fahren. Eine Freundin von mir zum Beispiel ist immer mit dem Auto gefahren, wenn sie mich besucht hat, obwohl sie nur 100 Meter weit weg gewohnt hat.

Kommen Sie nicht auf falsche Gedanken. Ich führe ebenfalls ein Kfz und ich nehme mich von den oben gemachten Aussagen nicht aus. Erst neulich habe ich den ersten „Drive-In"-Briefkasten eröffnet, indem ich mit meinem 90er Escort auf den Bürgersteig direkt vor dem Postamt gefahren bin und einen von mir verfaßten Brief an die „BKK – Ihr Partner" ohne aus dem Wagen zu steigen eingeworfen habe.

Aber natürlich gibt es auch Situationen, in denen ich diese Autofahrer mit ihrem Vehikeln am liebsten im nächsten Kiesteich versenken würde. Die Straße, in der ich wohne, ist sehr eng und als verkehrsberuhigt ausgewiesen. Durch entsprechende bauliche Maßnahmen gibt es keine Bordsteinkante mehr, und die

Parkflächen heben sich vom Gehweg entsprechend farblich ab. Die Stadtväter legen auch in meiner Heimat erhöhten Wert darauf, durch Parkgebühren oder Knöllchen die Kassen zu füllen. Ich habe das große Glück, daß ich für nur 70,- DM im Monat einen Parkplatz in einem Hinterhof in der gleichen Straße mieten konnte.

Nun ist es so, daß einige Nachbarn und Kunden der nahen Geschäfte von meinem Parkplatz ganz angetan sind. Wenn ich abends nach Hause komme, steht oft genug eine nicht legitimierte Kutsche auf meinem teuer bezahlten Parkraum. Natürlich hat man in diesem Land kaum eine Handhabe dagegen, ohne selbst vom Fremdparker verklagt zu werden. Wesentlich mehr nervt mich aber das falsche Parken in der Straße, weil es einfach auch häufiger vorkommt. Eigentlich fast jedes Mal, wenn ich von der Straße auf den Hof oder umgekehrt fahren will.

Direkt neben der Einfahrt ist eine Videothek. Da die wenigen regulären Parkplätze niemals frei sind, parken holde Jünglinge, auf der Suche nach Pornofilmen, unverfroren nicht nur auf dem Gehweg, sondern auch noch direkt gegenüber der Hofeinfahrt. Konsequenz: Ich kann mit meinem Wagen nicht in den Hof fahren oder ihn verlassen. In diesen Fällen beginnt eine endlose Lenkrad-Kurbel-Arie, nachdem auf mein fünf Minuten dauerndes Hupkonzert niemand reagiert hat. Gelegentlich erwische ich einen der Hirnakrobaten beim Ein- oder Aussteigen. Aber nach meinen wütenden Beschimpfungen schaue ich meistens nur in dämliche Gesichter, die die Betroffenen aber nicht extra zu diesem Anlaß aufgesetzt haben.

Neulich mußte ich dummerweise morgens eine wichtige Aufgabe in Angriff nehmen. Wie üblich stand meinem Vorhaben ein Kraftfahrzeug an der Hofausfahrt entgegen. Diesmal war es gelb und war mit „Die Aktie gelb kommt !" beschriftet. Ich hegte die Hoffnung, daß nicht nur die Aktie, sondern auch der Fahrer des Vehikels bald kommen würde. Denn es ging weder vor noch zurück.

Nach drei Minuten kam der Postheini aus einer Tür. Gut, drei Minuten hören sich nicht so lang an. Es ist aber eine Ewigkeit, wenn einem alte Frauen ihre Gehhilfe über den Schädel ziehen, weil ich natürlich meinerseits den Gehweg blockierte. Ich fragte Pedro den Paketträger, wie man seinen Lieferwagen dermaßen beschissen parken kann und ob er sein Gehirn nach dem Einstellungstest bei der Deutschen Post abgegeben hatte. Unfreundlich wie er war entgegnete er, daß ‚man nur richtig lenken muß'. Dann wäre es kein Problem an seinem Wagen vorbeizukommen.' Ich bot ihm an,

64

meine Faust in sein Gesicht zu lenken, was uns in unserer Diskussion aber nicht wesentlich weiterbrachte. Schließlich setzte er seinen breiten Hintern in Bewegung, und ich konnte meinen Weg fortsetzen. Zum Glück kam ich gerade noch rechtzeitig vor der nächsten Leerung zu meinem geliebten „Drive In"-Briefkasten.

16

Kennen Sie noch Tamagochis ?

Lassen Sie mich die Frage ruhig noch einmal wiederholen. Dann haben Sie mehr Zeit zum Nachdenken. Kennen Sie noch Tamagochis ? Diese kleinen elektronischen Kästen für alle jungen Paare, die leider keine Kinder bekommen können ? Der Besitzer muß ein virtuelles Huhn regelmäßig füttern, mit dem Vieh spielen und mit MKS-Impfungen versorgen.

Die „Musikgruppe" Kelly Family versucht nun jede Möglichkeit auszuschöpfen, ihren Hühnerkorb weiter mit Geld zu füllen, um das vollgeschissene Deck auf ihrem Hausboot wieder reinigen zu lassen. Deshalb gibt es seit neuestem eine weitere Variante des Elektro-Babys:

SUPER KELLY FAMILY-TAMAGOCHIS

Der lustige kleine Angelo muß täglich versorgt werden:

- Waschen Sie den kleinen Bölker (nur nicht zu oft, sonst gibt es Ärger mit dem Familienoberhaupt)
- Haare schneiden (aber nur die Spitzen und

ohne waschen, wenn es geht)

- Lesen Sie dem kleinen Wicht eine nette Geschichte vor (selber lesen kann er ja leider nicht)

- Schalten Sie regelmäßig das Gesundheitsamt ein

- Putzen Sie das Hausboot

- Besorgen Sie ihm 12jährige Mädchen, die anfangen zu schreien und ohnmächtig werden (wohlgemerkt vor Begeisterung, nicht wegen des Gestanks)

- Achten Sie vor allem darauf, daß er nicht anfängt zu singen.

Jetzt für nur 499,- DM !!!

17

Warum lebt eine Stubenfliege ?

Das Leben einer Stubenfliege ist berechtigterweise zeitlich begrenzt. Entweder sie fällt mit Herzversagen einfach tot von der Decke, wird von einer Birkenstock-Sandale an der Wand zerquetscht oder zerschellt wie viele andere Insekten an einer Windschutzscheibe auf der Umgehungsstraße. Aber warum lebt eine Stubenfliege eigentlich ? Was hat sich die Natur nur dabei gedacht ?

Mal ehrlich ! Diese Viecher haben doch den ganzen Tag nichts anderes zu tun, als sich ziellos mal hierhin und mal dahin zu begeben, sich mit einer Fliegenfrau oder einem anderen greifbaren Tier zu paaren, schwer arbeitende Leute vom Schlaf abzuhalten und sich abends mit dem Bier eines anderen zu betrinken. Außerdem bin ich mir ziemlich sicher, daß dieses Insekt nichts dazugelernt hat, wenn sie letztendlich am Fliegenfänger hängen bleibt und irgendwann ihre kleine Facettenaugen brechen. Sie führen sozusagen ein Studentenleben !

Somit habe ich auch einen wunderbaren Übergang zu meiner Studienzeit hin bekommen. Was habe ich in dieser Phase meines Lebens gelernt ? Gut, ich weiß jetzt um die Schwierigkeiten bei der Forderungsabtretung als Kreditsicherheit. Aber was ist mit den Dingen, die für das tägliche Leben wirklich interessant sind ? Warum wird einem zum Beispiel nicht vermittelt, daß ein Bienenschwarm herrenlos wird, wenn der Eigentümer ihn nicht unverzüglich verfolgt, wobei er berechtigt ist, mit seinem Kescher die betrunkenen Gäste auf der Grillparty seines Nachbarn umzurennen (§§961 – 964 BGB) ?

Aber eines muß man der Universität ja lassen: Sie tun alles um die Studenten zu motivieren. Zum Beispiel hing in meinem Zimmer im Wohnheim ein sehr schönes Bild mit dem Titel „Vor der Katastrophe". Immer wieder ein schöner Ausblick auf bevorstehende Prüfungen.

Wie auch immer. Die Antwort steht noch aus. Warum lebt denn nun eine Stubenfliege ? Tja, keine Ahnung. Was fragen Sie mich ? Ich habe doch schon gesagt, daß die wirklich wichtigen Fragen des Lebens nicht Inhalt eines Studiums sind.

18

Bitte nicht stören !

„Hey ! Haben Sie mich nicht verstanden ? Sie sollen mich doch nicht stören habe ich gesagt!" – „Entschuldigung, aber ..." – „Nichts aber. Ich kann jetzt nicht, klar ?" – „Na hören Sie mal, ich möchte doch nur..." – „Ich kann Ihnen jetzt nicht helfen, denn ich stehe kurz vor einer Operation. Ich soll endlich mein neues Gehirn transplantiert bekommen."

Natürlich hat sich dieses Gespräch so nicht abgespielt. Aber im Grunde war die Botschaft zwischen den Zeilen klar erkennbar, als ich neulich bei der AOK in Osnabrück angerufen habe. Ja, stimmt. Das wird jetzt wieder eine Krankenkassengeschichte. Aber im Vergleich zur BKK gibt es einen gravierenden Unterschied: Die BKK konnte sich keinen Mitarbeiter leisten, der akustische Signale richtig interpretieren kann. Die AOK aber schien eine Art menschliche Ansagemaschine zu besitzen.

Meine Freundin, die bei der AOK versichert ist, brauchte neue Kontaktlinsen. Also informierten wir uns im Vorfeld auf den Internetseiten der Gesundheitskasse, ob entsprechende Zuschüsse gezahlt werden.

Zwar war dort zu lesen, daß diese in Höhe des Zuschusses zu einer Brille gezahlt werden, aber leider nicht in welcher Höhe. Macht ja nichts. Im Telefonieren war ich ja bereits geübt.

Zunächst schilderte ich meine Frage der netten Putzfrau, die das Telefongespräch entgegen nahm. Diese konnte mir selbstverständlich keine Antwort geben, verband mich aber mit jemandem, der kompetent und kommunikativ sein sollte. Als dieser Mann sich meldete, formulierte ich mit Bedacht mein Begehren: „Wie hoch sind Ihre Zuschüsse zu Kontaktlinsen, bitte ?" – „Genau wie für Brillen", entgegnete er auskunftsbereit. - „Ach so, das wußte ich nicht. Aber wie hoch sind denn nun die Beihilfen genau ? So, mal in DM oder wahlweise auch in EURO gesprochen ?" Die Antwort war überraschend: „Das kann Ihnen der Optiker sagen." Ich dachte, der AOK-Mitarbeiter hatte mich nicht richtig verstanden. Deshalb wiederholte ich mein Fragestellung: „Nein, nein. Ich wollte wissen, wie viel Geld uns die AOK dazugibt, wenn wir Kontaktlinsen kaufen." – „Fragen Sie den Optiker, der kann Ihnen eine exakte Auskunft geben."

Ich verstand akustisch die Worte, die Dumbo sprach, aber konnte sie nicht wirklich verstehen. „Moment ! Was Sie versuchen mir

zu vermitteln ist, daß SIE nicht wissen, wie
viel IHRE Krankenkasse an Zuschüssen für
eine Brille zahlt, und ich soll den Optiker
danach fragen ?" – „Ja." – „Den Optiker ?" –
„Ja." – „SIE wissen es nicht ?" Aber dann
verstand ich. Der Mann war schon zu seiner
Operation geeilt und hatte noch schnell den
Anrufbeantworter eingeschaltet. Denn ich
hörte nur immer wieder: „Fragen Sie den
Optiker !"

Aber auch bei anderen Unternehmen wird der
Kundenservice groß geschrieben. Mein Freund
Andi hatte mich gebeten, mit ihm einen PC
kaufen zu gehen. Ich weiß gar nicht mehr,
welches sagenhafte Geschäft wir an einem
Samstag morgen betraten. Ich kann mich nur
noch daran erinnern, daß für die etwa 15
anwesenden Kunden ziemlich genau ein
Verkäufer durch die Gänge flitzte. Wir
schauten uns die ausgestellten Computer
genau an, während wir auf den einsamen
Kämpfer warteten. Leider waren nicht alle
Geräte mit einem Preisschild, geschweige
denn einer Ausstattungsbeschreibung
versehen. Na, ich will ehrlich sein. Etwa an
sechs der zehn PCs klebte ein Zettel mit dem
Kaufpreis und den enthaltenen Komponenten.
Also gut, in Wirklichkeit waren es nur zwei.

Nach weiteren 20 Minuten, in denen der
Verkäufer uns lediglich ein paar mal mit den

Worten ‚Hätte ich doch nur nicht bei der BKK gekündigt' oder so ähnlich passierte, ergriff ich die Initiative und öffnete die Systemkonfiguration eines interessant aussehenden PCs, um die Komponenten näher zu betrachten. Dabei mußte mich ein Verkäufer aus der Elektrogeräteabteilung beobachtet haben. Denn plötzlich sah ich einen fetthaarigen Mann mit erbostem Gesichtsausdruck auf uns zukommen. Dabei wedelte er mahnend mit einem Kugelschreiber in seiner rechten Hand. Wollte er ein Autogramm ? Oder ein Werbegeschenk überbringen ? Wir waren gespannt.

„Was machen Sie da ? Lassen Sie sofort die Maus los !" Oh Gott, hatte ich etwa den Selbstzerstörungsmechanismus ausgelöst ? Meine linke Hand umklammerte die Kneifzange in meiner Jackentasche, während ich überlegte, ob ich gleich den roten oder den blauen Draht durchschneiden würde. „Sie können doch nicht einfach an den Computern rumfuchteln !" – „So einfach ist das gar nicht, wenn Sie mich weiter dabei stören", erwiderte ich, obgleich mir schnell klar wurde, daß er das irgendwie anders gemeint hatte. Er ließ sich nicht von seiner Rede abhalten: „Das dürfen Sie nicht !" – „Is' schon klar. Aber wir wollten gerne noch einen PC kaufen, bevor die Sonne untergegangen ist. Und wir können nicht ewig darauf warten, bis sich einer von

Ihnen bequemt, uns zu beraten." – „Warten Sie, ich hole einen Kollegen. Aber fassen Sie nichts mehr an !" Super ! Der Trick mit dem Öffnen der Systemkonfiguration klappt doch immer wieder.

Wenig später stand ein Konsumberater vor uns. Ich eröffnete das Verkaufsgespräch: „Guten Tag, guter Mann. Was kostet dieser PC, bitte ?" Ich zeigte mit dem Finger auf das Gerät vor uns. „Der ist nicht zu verkaufen", schlug es uns entgegen.

Wortlos und mit großen Fragezeichen auf der Stirn drehten Andi und ich uns um und verließen die Verkaufsräume. Beim Rausgehen erblickten wir wieder den Schuppenmann, den Kugelschreiber schwenkend, wie er auf einen Studenten zusteuerte, der gerade seine Wäsche in einen Trockner stopfte.

19

Fastfood-Contest

Damals, in der guten alten Zeit, war ich unter einem anderen Namen weit über die Stadtgrenzen hinaus bekannt. Ein Name, der mit viel Ruhm und Ehre verbunden war. MR. FASTFOOD !! YEEESS !! Auch wenn ich seit mehreren Jahren zurückgezogen lebe und nur noch selten ein paar jugendliche McDonald's-Jünger an meine Tür klopfen, in der Hoffnung, einen Blick auf ihren König im Ruhestand zu erhaschen oder sogar ein Autogramm zu bekommen, ist der Fetisch auf Fastfood in mir nicht ganz erloschen. Manchmal verkleide ich mich mit einem Anzug und Krawatte, um nicht erkannt zu werden, und besuche den McDonald's, der auf dem Weg vom Büro nach Hause liegt, um nach dem Rechten zu sehen und meine Erinnerungen an ruhmreiche Zeiten aufzufrischen.

Aber jüngst wurde der Friede in meinem ehemaligem Reich gestört. Wie ich der qualitativ hochwertigen Lokalzeitung entnehmen konnte, hatte ein Eindringling versucht, die Fastfood-Ernährungskette im Landkreis Schaumburg und Umgebung zu unterbrechen. Eine Burger King- Zweigstelle wurde neu eröffnet in der Hoffnung, die

Süchtigen zu einem anderen Glauben konvertieren zu können. Selbstverständlich mußte ich mir das sofort anschauen. Zeitnah habe ich in der Mittagszeit einen Kundentermin in der Nähe des Sündenbabels gemacht, um die Örtlichkeiten selbst zu besichtigen. Natürlich hatte ich mir vorgenommen, so objektiv wie möglich zu sein, was mir auch hervorragend gelungen ist.

Als ich die Zubringerstraße entlang fuhr, dachte ich schon: „Gott, ist das alles unübersichtlich hier. Welcher Alkoholiker hat denn hier die Straße geteert ?? Wo ist denn nun eigentlich der Parkplatz ?? Und regnen tut es auch. Na, das kann ja nichts werden !!!" Ich stellte meinen Wagen auf dem Parkplatz vor dem prunkvollen Gebäude ab. Aha ! Die zweifelhaften Heilsbringer versuchten, durch beeindruckende Bauten und überflüssige Verzierungen Eindruck zu schinden ! Aber nicht bei mir !!

Ich betrat den Tempel der Verdammten mit gemischten Gefühlen. Was, wenn sie mich erkennen würden ?? Konnte ich der Gehirnwäsche widerstehen ? Würden sie mich zu sechs Jahren Western King braten verurteilen ? Aber ich mußte jetzt stark sein !!! Ich hatte am Morgen extra viel Kaffee getrunken, um als erstes die Toiletten inspizieren zu können. Diese waren im ersten

76

Obergeschoß. Raffiniert !!! Wußten die Verantwortlichen doch, daß die überwiegend übergewichtigen Fastfood-Jünger sich niemals die Treppen hochschleppen würden, um die sanitären Anlagen zu verschmutzen, sondern lieber den Knallerbsenstrauch um die Ecke benutzen würden. Spätestens jetzt wußte ich: Mr. Fastfood, sei auf der Hut !!! Das sind keine Anfänger ! Das kann gefährlich werden !

Nachdem die Nachforschungen im Obergeschoß abgeschlossen waren, ging ich die Marmortreppen hinunter zum Tresen. Ein Blick auf die verwirrenden Preislisten und Angebote bewirkten bei mir einen Adrenalin-Stoß. Was sollte ich bestellen ? Wenn mich jetzt meine Unsicherheit verriet ? Ich sah mich schon eine schmuddelige gelbe Schürze umbinden !!

"Was darf es sein ?" Mein Blick senkte sich von der Leuchtpreisliste zu der jungen Frau, die mich angesprochen hatte. Wow ! Die Trulla sah gar nicht schlecht aus ! Diese Schweine !!! Sie ließen auch wirklich keinen Trick aus ! Ich wurde nervös, und mir lief der Schweiß im Gesicht herunter. In die Enge getrieben antwortete ich: "Was haben Sie denn fertig ?" Puh, das war eine gute Antwort ! Ich schaute auf die Warmhaltevorrichtung. Lediglich zwei verschiedene Burger lagen in den Fächern. Die Schnitte erwiderte: "Hm, der

Big-King." Aha. Der Big-King ! Was ist ein Big-King ? Ich überlegte, ob ich danach fragen sollte. Dann entschied ich mich, daß zuviel Selbstsicherheit mich vielleicht noch eher verraten würde. Wer weiß schon, was sich hinter diesen seltsamen Namen verbirgt. "Was ist denn ein Big-King ?", fragte ich und versuchte so interessiert wie möglich zu wirken. "Der Big-King ist das gleiche wie der Maxi-King, nur kleiner", entgegnete die orientalische Schönheit. Ach so ! Das wußte ich nicht. War das ein Test ? Wußte die Seelenfängerin selber nicht, was sie da verkaufte oder wollte sie mich mit Fachbegriffen aus dem Konzept bringen ? Souverän antwortete ich: "Okay ! Dann einen Big-King und zwei Cheeseburger." Hui, das ist ja noch einmal gut gegangen.

Es dauerte dann ungefähr fünf Minuten, bis ich die bestellten Fleisch-Imitate bekommen hatte. Denn Cheeseburger waren nicht fertig. Mitten in der Mittagszeit ! Unter meiner Herrschaft und in meinem Reich hatte es so etwas nicht gegeben. Ich bezahlte den Fraß, ging zu einen der Tische mit Barhockern und ließ mich nieder. Ich stellte das Tablett ab und sondierte die Umgebung. Zwei Tische weiter verzehrte ein schwarzes Schaf ein Produkt, was bei mir zu Hause McRib heißt. Der Futzi verteilte die Sauce beim Essen ungleichmäßig auf seinen Woolworth-Pullover. „Anfänger !" dachte ich und lächelte. Aber diesen Festnetztelefonierer wollte ich auch gar nicht in meine Gemeinde holen. Also ließ ich ihn gewähren und widmete mich meiner nächsten Aufgabe: Wie wird der Nahrungsmittelersatz schmecken ?

Ich packte den ersten Burger aus und versenkte meine Zähne in den ersten Cheeseburger. Zuerst konnte ich den Geschmack nicht richtig zuordnen. Irgendwie schmeckte das Brot zu stark nach Mehl und Käse war nicht auszumachen. Um nicht aufzufallen, stopfte ich den Rest und den zweiten "Cheeseburger" in mich hinein. So. Jetzt der Big-King. Hm. Was kann es sein. Um ehrlich zu sein, weiß ich nicht mal heute, was für Ingredienzen für dieses Gelumpe verwendet wurden. Vielleicht ist es auch besser so.

Neben mir besetzte ein Vater mit seinem Sohn den Nachbartisch. Der Junge weinte bitterlich, und zwischen der verheulten Stimme erkannte ich die Worte: "Pappa, ich will aber lieber zu McDonald's !" Durch meinen ganzen Körper strahlte ein Hauch von Wärme. Ja ! Jetzt wußte ich es genau. Dieser Laden wird genauso erfolgreich bestehen wie der Vfl Bochum dauerhaft in der ersten Fußballbundesliga.

Ich stand auf, ließ das Tablett einfach auf dem Tisch stehen, setzte mich in mein Auto und fuhr beruhigt über die unübersichtliche Straße zurück nach Hause.

P.S.: Dieser Hirtenbrief ist meinen treuesten Untertanen Tina und Hansi gewidmet.

20

Und dann war da noch ...

... die Sklaventreiberin aus dem Supermarkt

Neulich war ich mal wieder im Supermarkt einkaufen. In der Duftwasserabteilung stand eine Frau und besprühte sich mit verschiedenen 8x4-Deodorants. Sie sah übrigens nicht so gut aus wie die nackten Frauen, die in der Werbung für dieses Produkt durchs Bild tanzen.

Ein paar Meter neben ihr hielt sich die etwa sechs Jahre alte Tochter der Dame auf und rief unaufhörlich: „Mami ! Mami ! Mami ! Maaammmii !" Das Kind hörte einfach nicht auf zu Quengeln. Und dann sprach sie endlich ein energisches Machtwort: „Sei ruhig, sonst kommst Du ins Kinderbergwerk !"

Das Kind war ähnlich überrascht wie ich. Ins Kinderbergwerk ! War das so etwas wie ein Freizeitpark ? Oder war es das, was ich vermutete ? Ich meine, was sagt sie zu ihrer Oma, wenn diese unentwegt nach neuem Hirsebrei verlangen ? „Sei ruhig, sonst stecke ich Dich in die Altenkiesgrube ?" Oder zur Senioren-Müllabfuhr ?

Ich weiß nicht. Diese neumodische Familienpsychologie ist nichts für mich.

... Thomas Hermanns

Sie wissen doch. Das Grinsemonster aus dem „Quatsch Comedy Club" auf Pro Sieben. Ich habe da ein paar Fragen:

1. Gibt es überhaupt irgendwelche Menschen, außer in seinem sicher sehr großen männlichen Bekanntenkreis, die den nasal vor sich hin brabbelnden Geisteskranken lustig finden ?

2. Was genau hat der Titel der Sendung zu bedeuten?

   ‚Quatsch' kann ich ja noch verstehen. Obwohl die Auftritte von unserem süßen Thomas eigentlich deutlich mehr sind. nämlich ziemlich großer Mist.

   ‚Comedy' kann ich erklären. Denn glücklicherweise gestaltet ja die Knuddelnase nicht alleine die 30 Minuten, sondern hat oft hochkarätige Gäste, bei denen man über die Witze lacht und nicht über den Auftritt des Künstlers an sich.

   ‚Club'. Ja, gut. So kann man das natürlich

auch nennen. Meiner Meinung nach würde der Begriff ‚Geschlossene Anstalt' besser passen.

3. Was sind das immer für seltsame ‚Fundstücke der Woche' ?

Tommi präsentiert dem (nach vorne) geneigten Publikum jede Woche die neuesten Produkte oder Zeitungsausschnitte, die er in der Mülltonne seines Nachbarn gefunden hat.

Richtig gute Fundstücke der Woche wären für mich entweder ein lustiger Satz in der Moderation oder ein Arbeitsvermittler, der dem putzigen Hermännchen den richtigen Weg zur nächsten Friseurausbildung zeigt.

... meine Freundin

Genauer gesagt ist sie mittlerweile meine Frau. Denn sie bereichert mein Leben ungemein. Vor allem dadurch, daß unsere gemeinsamen Fernsehabende überwiegend von Synchronschwimmen, Eiskunstlaufen sowie Filmen mit Richard Gere oder George Clooney bestimmt werden.

Was ich aber wirklich an ihr liebe, sind ihre überraschenden und völlig logischen Antworten auf meine Fragen. Ein Beispiel gefällig ?

(Auf dem Weg zur SB-Autowäsche)
Ich: „Möchtest DU das Auto waschen, Mäuschen ?"
Masha: „In DEN Schuhen ?"

Das eigentlich erschütternde an dieser Rückäußerung waren der Tonfall und der Gesichtsausdruck von ihr. Denn beide gaben mir zu verstehen, daß ich überhaupt keine Ahnung von Frauen habe und wohl gerade zurück bin von meinem Besuch bei der Kuh, die über den Mond springen kann.
Noch eine Kostprobe ? Gerne.

(Beim Backen der Weihnachtskekse: Ich gebe gerade gemahlene Haselnüsse aus einer 200 g-Tüte in den Teig.)
Masha: „Mach doch da nicht so viele Nüsse rein !"
Ich: „Also, in dem Rezept steht: 100 g. Das ist die halbe Tüte."
Masha: „Aber die Nüsse sind doch ganz klein gemahlen und deswegen passen mehr in eine Tüte."

Daß bei der Berechnung von 100 g aus einer 200 g-Tüte die Größe der Nüsse keine Rolle spielt, ist jetzt mal nicht so wichtig. Aber bewiesen scheint zu sein, daß man überhaupt zwei Nüsse haben muß, um einigermaßen rechnen zu können.

Epilog

... Es wurde Zeit. Die Kirchturmuhr unweit des Brunnens schlug Mitternacht. Ich stand auf, stieg in meinen Hubschrauber und steckte den aus meinen Backenzähnen gemeißelten Schlüssel in die Zündung, um in die Freiheit zu fliegen. ...

Ich wache schweißgebadet auf. Meine Finger sind in die Bettdecke gekrallt. Ich brauche einige Zeit, bis ich begreife, daß das alles nur ein Traum war. Ein wirklich schlechter Traum, der sich wohl wegen des hohen Fernsehkonsums in mein Unterbewußtsein geschlichen hatte. Aber selbst die Autoren von McGyver oder dem A-Team könnten sich nicht so einen gequirlten Dreck einfallen lassen. „Ja, die besten Geschichten schreibt nun einmal das Leben selbst", sage ich zu meinem Pamela Anderson-Poster an der Zimmerdecke.

Ich stehe auf und beschließe einen kleinen Imbiß bei McDonald's einzunehmen, um anschließend ein paar Einzelhandelsgeschäfte aufzusuchen, schon gespannt, was mir dabei wieder alles passieren wird.